AF382944

ROALD AMUNDSEN

La carrera hacia el Polo Sur

Por Mélanie Mettra
En colaboración con Jonathan Jackowska
Traducido por Marina Martín Serra

ROALD AMUNDSEN Y LA CARRERA HACIA EL POLO SUR

- **¿Nacimiento?** El 16 de julio de 1872 en Borge (Noruega).
- **¿Muerte?** El 18 de junio de 1928 en el mar de Barents (Noruega).
- **¿Objetivos de las expediciones?**
  - Ser el primer hombre que alcanza el Polo Norte y el Polo Sur.
  - Atravesar el Paso del Noroeste y el Paso del Nordeste.
- **¿Regiones del mundo exploradas?** El Ártico y la Antártida.
- **¿Hazañas notorias?**
  - El cruce por el Paso del Noroeste.
  - La hibernación ártica.
  - La conquista del Polo Sur.

A finales del siglo XIX y a principios del siglo XX, llega el momento de conquistar los polos. Como durante la epopeya del descubrimiento del continente americano, los avances técnicos aceleran un proceso que ya viene de lejos: las regiones árticas ya habían sido objeto de numerosos viajes, desde el navegante griego Piteas —que, en el siglo IV a. C., descubre Thule, en algún lugar entre Groenlandia y Noruega— hasta la exploración de las tierras canadienses por parte de los vikingos, lideradas por el explorador Leif Erikson (c. 970-c. 1020) en el primer siglo de nuestra era, y luego por los franceses y los ingleses en los siglos XVI y XVII.

En cuanto a la Antártida, sigue siendo una tierra desconocida hasta mediados del siglo XIX. James Cook (navegante británico, 1728-1779) efectúa una circunnavegación de las tierras australes y describe sus hielos, pero nunca avista el continente antártico, y habrá que esperar hasta 1820 para que el inglés Edward Bransfield (capitán de la Royal Navy, 1785-1852) explore y reivindique en nombre de la Corona británica las islas Shetland del Sur, situadas a unos 150 kilómetros de la península antártica, cerca del cabo de Hornos. Y no será hasta 20 años después, en 1840, que el navegante francés Jules Dumont d'Urville

(1790-1842) pise el continente por primera vez. Entonces, empieza la conquista de los polos, y el noruego Roald Amundsen es uno de esos conquistadores de las tierras frías. Robert Peary (explorador estadounidense, 1856-1920) lo adelanta en la carrera hacia el Polo Norte, pero Amundsen cobra venganza ganando la del Polo Sur, tras ser el primero en atravesar el conocido Paso del Noroeste, punto de unión de los océanos Atlántico y Pacífico.

BIOGRAFÍA

| Retrato de Roald Amundsen.

UNA PASIÓN POR LA EXPLORACIÓN POLAR

Roald Amundsen nace el 16 de julio de 1872 en Borge, a unos cuantos kilómetros de distancia de Oslo (Noruega). Su padre es comerciante marítimo y armador de barcos. Cuando este fallece, su madre, que aspira a un destino mejor para su último hijo que el de marino, intenta convencer a Roald para que estudie Medicina. Este, gran esquiador, amante de la literatura de viajes y, en particular, de las historias de las primeras hazañas polares, cede a la presión de su madre. Sin embargo, cuando esta fallece, deja los estudios con 21 años y se embarca en barcos foqueros y balleneros para dar sus primeros pasos en la Marina. En 1897, embarca como segundo teniente a bordo del Bélgica, un foquero bajo el mando del comandante Adrien de Gerlache de Gomery (explorador y marino belga, 1866-1934), que desea efectuar la exploración científica de la Antártida. Tras zarpar en octubre de 1897, el barco y su tripulación efectúan la primera hibernación de la historia en la región.

En 1903, Roald Amundsen parte de nuevo,

pero esta vez por cuenta propia. Alquila un navío de pesca, el Gjoa, para intentar llevar a cabo la apertura del paso que une el Atlántico y el Pacífico Norte. Aprovecha su amistad con Fridtjof Nansen (científico y explorador noruego, 1861-1930) y las conversaciones mantenidas con él sobre el magnetismo terrestre para darle un aval científico a esta expedición, que debe permitir la localización del polo magnético (punto de convergencia de las líneas de campo magnético). En agosto de 1906, el Gjoa llega a Alaska, siendo así el primero en cruzar los mares helados del Paso del Noroeste.

A LA CONQUISTA DEL POLO SUR

Ahora, Roald Amundsen desea intentar llevar a cabo la conquista del Polo Norte gracias a las técnicas de desplazamiento sobre hielo con las que ha podido experimentar en la Antártida (especialmente, el esquí) y entre los inuit (trineos y perros). Su amigo Fridtjof Nansen acepta prestarle el Fram, el navío con el que durante tres años ha recorrido el océano Ártico.

Fotografía del barco Fram.

Pero Roald Amundsen, adelantado en la carrera al Polo Norte por Frederick Cook (médico y explorador estadounidense, 1865-1940) y, sobre todo, por Robert Peary, cambia sus planes rápidamente. Si no puede ser el primero en llegar al Polo Norte, entonces será el primero en llegar al Polo Sur. Dieciocho meses después de su partida, Roald Amundsen y su equipo atraviesan el continente antártico y alcanzan el polo en diciembre de 1911. En 1918, vuelve a navegar en los mares árticos y cruza el Paso del Nordeste, entre el

Atlántico y el Pacífico por el norte de Rusia.

Amante de la aviación, sobrevuela el Polo Norte el 12 de mayo de 1926 a bordo del dirigible Norge, construido por Umberto Nobile (ingeniero aeronáutico y explorador italiano, 1885-1978). Después de esta hazaña, Roald Amundsen se retira. Pero, en junio de 1928, Umberto Nobile, que ha construido un nuevo dirigible, se queda atascado en la banquisa y Roald Amundsen se compromete a rescatar al hombre que fue su amigo. Despega con una tripulación francesa el 18 de junio de 1928, pero el avión desaparece unas horas más tarde, alrededor de la isla del Oso en el mar de Barents, y con él se pierde el rastro del explorador y de todos los miembros de la tripulación.

Por lo tanto, Roald Amundsen pasa la mayor parte de su vida recorriendo el mundo polar y contando sus expediciones, en conferencias y en sus libros, renunciando a cualquier tipo de vida conyugal o familiar para dedicarse a su pasión.

CONTEXTO

NORUEGA, DESDE FINALES DEL SIGLO XIX HASTA PRINCIPIOS DEL SIGLO XX

A finales del siglo XIX, Noruega, lugar de nacimiento de Roald Amundsen, está ligada a Suecia a causa de la unión personal de los dos países, proclamada en 1814. Por lo tanto, constituyen un solo reino, que es gobernado por un soberano único, al tiempo que conservan una amplia autonomía. Aunque los asuntos exteriores están bajo la autoridad del rey, Noruega tiene un Parlamento especial, el Storting, que tiene plenos poderes en materia de asuntos nacionales. Con todo, en los últimos años del siglo, podemos constatar el auge de la izquierda liberal, que lucha activamente para conseguir reformas democráticas, al tiempo que afirma su voluntad independentista. Las relaciones entre Suecia y Noruega se ven marcadas por la aparición de unas tensiones cada vez más fuertes que, en junio de 1905, conducen a la ruptura de la unión personal, confirmada por un voto popular en agosto, y al nombramiento de un rey de Noruega en noviembre.

Durante la primera mitad del siglo XX, la vida política sigue animada por la izquierda (desarrollo del socialismo, del sindicalismo, creación de un sistema de seguro médico). Cuando estalla la Primera Guerra Mundial (1914-1918), Noruega opta por la neutralidad. Al final del conflicto, uno de sus ciudadanos, el explorador polar Fridtjof Nansen, es nombrado presidente de la delegación noruega en la Sociedad de Naciones, y luego primer alto comisario para los refugiados en 1921. Su trabajo es recompensado un año más tarde por el Premio Nobel de la Paz.

La economía noruega, que se basa principalmente en la pesca y la agricultura y en un comercio marítimo floreciente, está marcada en la segunda mitad del siglo XIX por la Revolución Industrial, que también tiene lugar en el resto de Europa. Esto beneficia a la industria textil, pero también a la metalurgia y a la ingeniería mecánica, cuyo auge se ve estimulado por el desarrollo de la energía hidroeléctrica.

LOS AVANCES TÉCNICOS

La Revolución Industrial permite numerosos avances técnicos, especialmente en los transportes. El ferrocarril de Noruega experimenta una profunda evolución, y lo mismo ocurre con la construcción naval. Así como el descubrimiento del continente americano se vio favorecido por la creación de las carabelas, la conquista de los polos le debe mucho a la mejora de los barcos. De hecho, la exploración de las regiones polares se ve frenada primero por el invierno glacial y por el temor de quedar atrapados en el hielo. A partir de 1840, aparecen los primeros cascos metálicos y reemplazan la madera, demasiado frágil. La vela también experimenta mejoras, y en algunos casos es reemplazada por motores de vapor que permiten una potencia de propulsión suficiente y autónoma para romper el hielo. Los primeros barcos diseñados para la banquisa son el HMS Erebus y el HMS Terror de la Royal Navy que, después de haber pasado por el hielo antártico con éxito en 1843, desaparecen durante su intento de cruzar el Paso del Noroeste dos años más tarde. Además, gracias a la instalación de electricidad y calefacción a bordo, finalmente la hibernación se vuelve posible. Así, el Fram de Fridtjof Nansen, que tiene un casco redondo para permitir que el hielo lo transporte y no lo rompa, permanece instalado sobre la banquisa del Ártico, con la que va a la deriva durante todo el invierno de 1893.

La revolución de los transportes también marca el nacimiento y el desarrollo de la aviación. La primera travesía transatlántica con escalas se produce en 1919, y las pruebas y las hazañas a bordo de aparatos tales como biplanos, hidroaviones o dirigibles continúan durante los años veinte.

EL ADVENIMIENTO DE LA EXPLORACIÓN CIENTÍFICA

Los grandes viajeros están movidos, ante todo, por el gusto por la aventura, por la hazaña y por el descubrimiento. En el siglo XIX, casi todo el planeta ha sido explorado y, salvo algunas zonas de difícil acceso en América del Sur, solamente las regiones polares siguen siendo prácticamente desconocidas. El imaginario de la época se fija en ellas, a través de novelas como *Frankenstein o el moderno Prometeo* de Mary Shelley (1818), *Las aventuras de Arthur Gordon Pym* de Edgar Allan Poe (1838), *Viajes y aventuras del capitán Hatteras* (1866) o *La esfinge de los hielos* (1897) de Julio Verne, y finalmente las novelas de Jack London que tienen lugar en el Gran Norte. Las historias de los primeros viajes (expediciones del Polaris al Norte en 1871, del Terror y el Erebus en el Sur de 1839 a 1843, la de Jules Dumont d'Urville en 1840) también se difunden ampliamente en los periódicos, o por medio de conferencias y libros.

Aunque los exploradores se alimentan del espíritu de su tiempo, necesitan el apoyo de mecenas para financiar sus expediciones. Hasta entonces, estos últimos estaban motivados principalmente por la oportunidad de beneficiarse de los recursos descubiertos. A pesar de que en el siglo XIX esta ambición sigue estando a la orden del día, ahora domina el interés científico. Así, cuando los soldados y exploradores estadounidenses Meriwether Lewis (1774-1809) y William Clark (1770-1838) recorren el oeste de los Estados Unidos entre 1804 y 1806, su principal objetivo es recabar información botánica, geográfica y etnológica, a pesar de que su expedición permitirá la explotación del vasto territorio descubierto. Lo mismo ocurre con el gran viaje del Beagle (1831-1836), un barco británico que a bordo transporta a un equipo de científicos, incluyendo el famoso Charles Darwin (naturalista inglés, 1809-1882). Por lo tanto, la conquista de los polos, que *a priori* no tienen ningún interés económico, constituye un reto científico, pero también es una oportunidad para que un puñado de aventureros expresen tanto su poder heroico, a través de la superación física, como su inteligencia, mediante la observación y la recopilación de datos meteorológicos, oceanográficos y geofísicos.

LA COMPETICIÓN INTERNACIONAL

Pero la conquista de las tierras septentrionales y australes es objeto de una competición internacional que no solo se basa en la ciencia. En efecto, este tipo de hazañas permite situar a un Estado en el escenario político mundial, puesto que una gran nación se mide a la luz de sus proezas. También los británicos, los estadounidenses, los franceses, los noruegos e incluso los japoneses y los belgas se suceden y se cruzan en la carrera hacia los polos Norte y Sur. La cuestión económica, incluso si es menos importante que en los siglos anteriores, sigue bien presente, sobre todo para los países escandinavos, que no ignoran la posibilidad de la explotación de los recursos marinos. Descubrir nuevos territorios es la oportunidad para poder apropiárselos y gozar de ellos.

Otro reto es el del Paso del Noroeste entre el Atlántico y el Pacífico, pasando por el norte de Canadá y Alaska, que, si se abre, permitiría realizar la ruta marítima en el nordeste a lo largo de Rusia. Así como el descubrimiento del continente americano se hace durante la búsqueda de un paso entre Europa y Asia, y así como Magallanes descubrió el paso austral entre el océano Atlántico y el océano Pacífico, la búsqueda de un paso entre los dos océanos ubicado en el norte es una cuestión en la mente de muchos desde el siglo XV y los intentos de encontrarlo de Juan Caboto (navegante y explorador veneciano, 1450-1498), Vitus Bering (explorador danés, 1681-1741), George Vancouver (navegante británico, 1757-1798) o Robert McClure (explorador irlandés, 1807-1873) son muestra de ello.

Las expediciones de Roald Amundsen se inscriben en este contexto, en el que se mezclan los progresos técnicos, el desarrollo de la investigación científica y el gusto por las proezas, estimulado por la competición.

LAS EXPEDICIONES DE ROALD AMUNDSEN

LA EXPEDICIÓN A LA ANTÁRTIDA DEL BÉLGICA (1897-1899)

| Roald Amundsen vestido con pieles para soportar el frío en una de sus expediciones.

Entre 1894 y 1897, el belga Adrien de Gerlache de Gomery, marinero apasionado por la exploración y fascinado por la Antártida, prepara un proyecto de descubrimiento del continente. El Gobierno belga, dedicado entonces a la colonización de África, le ofrece una financiación escasa que tan solo le permite adecuar un viejo barco de pesca groenlandés, de tres mástiles, en el que lleva a cabo algunas mejoras: refuerza el casco para que resista el ataque del hielo y para que pueda romperlo, y le añade un motor. En el interior, prevé la instalación de cabinas y laboratorios. En el momento de reunir a su tripulación, Adrien de Gerlache acepta la candidatura de Roald Amundsen, y también recluta al doctor Frederick Cook, que acompañó a Robert Peary en el Ártico. Pronto, los dos hombres se hacen amigos, y Frederick Cook le transmite sus conocimientos sobre las prácticas inuit, tales como el uso de perros de trineo. El barco, cargado con varias toneladas de víveres y de instrumentos científicos, zarpa el 16 de agosto de 1897 del puerto de Amberes (Bélgica). Llega a las aguas antárticas cinco meses más tarde, a finales de enero de 1898. A continuación, recorre los archipiélagos, permitiendo que la tripulación se dedique a tomar medidas, a cartografiar y a realizar observaciones meteorológicas, botánicas y zoológicas.

Animado por el éxito de estas primeras semanas de navegación, Adrien de Gerlache decide seguir la ruta más al sur. El 13 de febrero, el Bélgica cruza el círculo polar antártico. Dos semanas más tarde, aventurándose en la banquisa dispersa, se encuentra atrapado en el hielo y no puede regresar al mar. Entonces comienza la primera hibernación en la Antártida. El barco está equipado para soportar el frío, y los hombres se organizan para mantener una actividad diaria, tanto científica como de supervivencia (pesca, caza, bombeo de agua, etc.) para superar la depresión debida a la falta de sol. Pero el escorbuto y la anemia preocupan a Frederick Cook, que fomenta el consumo de carne de foca. Aunque las cantidades de comida a bordo eran consecuentes en el momento de la partida, la duración de la hibernación hace que disminuyan. La primavera antártica todavía no permite que el Bélgica deje el hielo y los hombres temen tener que someterse a una segunda hibernación. Después de tener que excavar un canal de más de 400 metros de largo para llegar a mar abierto, el Bélgica finalmente vuelve al mar en marzo de 1899. De vuelta a Bélgica en noviembre la tripulación, que ha vivido la primera hibernación en la Antártida, es aclamada por su hazaña y por la riqueza de sus descubrimientos científicos.

EL PASO DEL NOROESTE (1903-1906)

Tras su bautismo polar con la expedición belga, Roald Amundsen obtiene su licencia de capitán para larga distancia y decide montar su propia expedición para abrir el Paso del Noroeste. El cruce terrestre de este se remonta a principios del siglo XIX, pero hasta entonces todos los exploradores que han probado de utilizar la vía marítima, bloqueada por el hielo, han fracasado. Este viaje es también una oportunidad para Roald Amundsen de estudiar el magnetismo de la Tierra. Así que arma un pequeño barco pesquero, el Gjoa, recluta a seis tripulantes y deja Noruega el 16 de junio de 1903. En la preparación del viaje, planea fondear en las estaciones de suministro abastecidas por balleneros, y aprovecha para embarcar a veinte perros de trineo. Después de bordear Groenlandia, cruzar el mar de Baffin, que lo separa de Canadá, y experimentar una navegación difícil debido a la presencia de icebergs, a las aguas poco profundas donde se encalla dos veces, a la niebla y al fuego, el barco se detiene en una ensenada protegida de la isla del Rey Guillermo, llamada para la ocasión Gjoa Haven, «el puerto de Gjoa». Aquí es donde la tripulación realiza su primera hibernación.

Mientras que los científicos aprovechan este tiempo para realizar observaciones astronómicas y magnéticas, Roald Amundsen lleva a cabo varias exploraciones para determinar la posición, móvil, del polo magnético, y para ir al encuentro de los inuit, de los que aprende las prácticas de supervivencia en un clima muy frío (desplazamiento, alimentación, vestimenta). Apoyándose en el éxito de esta primera hibernación, la tripulación decide quedarse una estación más para continuar con sus investigaciones. El Gjoa no sale de la isla del Rey Guillermo hasta agosto de 1905, y consigue llegar al mar de Beaufort, en el norte de Alaska. Entonces, queda abierto el Paso del Noroeste.

El Gjoa vuelve a quedar inmovilizado por el hielo, y Roald Amundsen deja el barco durante casi cuatro meses para cruzar en trineo y esquiando los 800 kilómetros que lo separan de Fort Egbert, que se encuentra cerca de la ciudad de Eagle, en Alaska, para telegrafiar su éxito el 5 de diciembre de 1905. Sin embargo, esta nueva hibernación es una dura prueba para los hombres y el barco que, con todo, logran zarpar en julio de 1906 —cuatro meses después del regreso de Roald Amundsen a bordo—, cruzan el estrecho de Bering, atracan en la pequeña ciudad de Nome (Alaska) a finales de agosto de 1906 y, finalmente, llegan a San Francisco en octubre. Roald Amundsen deja allí el Gjoa, que se convierte en un museo, y hace su camino de regreso hacia Noruega —que ahora es independiente—, con su tripulación, a bordo de un buque mercante.

LA CARRERA HACIA EL POLO SUR

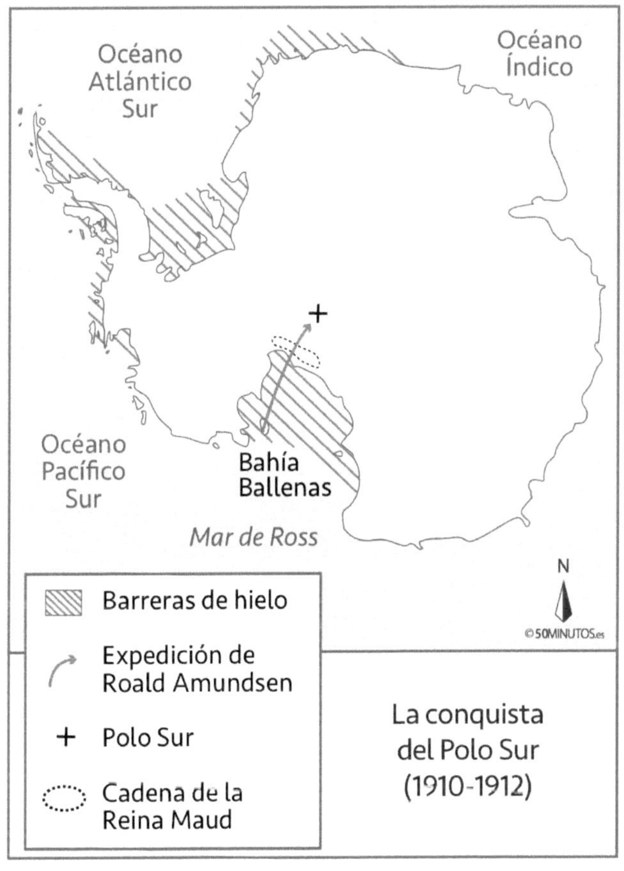

Después de esta primera hazaña, Roald Amundsen se pone un nuevo reto: llegar al Polo Norte en trineo. Aunque tuvo problemas para reunir los fondos necesarios para financiar la expedición del Gjoa, la situación es totalmente distinta para este nuevo viaje. Coronado con el éxito del Paso del Noroeste, recibe el apoyo de su amigo Fridtjof Nansen que le ofrece su barco, el Fram, especialmente diseñado para sus exploraciones árticas. Entre 1908 y 1909, prepara una vez más a fondo su proyecto, recopilando alimentos, material científico, tripulación, perros, esquís y trineos. Sin embargo, en septiembre de 1909, su amigo Frederick Cook y luego el explorador Robert Peary declaran haber alcanzado el Polo Norte, el primero en abril de 1908 y el segundo un año después. Aunque la veracidad de los hechos hoy en día resulta controvertida, esta noticia incita a Roald Amundsen a cambiar de rumbo y a entrar en la carrera hacia el Polo Sur, objetivo también perseguido por el inglés Robert Falcon Scott (oficial de la Royal Navy y explorador británico, 1868-1912).

Este último sale de Inglaterra el 1 de junio de 1910 a bordo del Terra Nova, mientras que Roald

Amundsen parte de Noruega una semana más tarde. No anuncia oficialmente el destino real del Fram hasta el mes de septiembre, cuando hace escala en la isla de Madeira. En enero de 1911, el Fram llega a la Bahía Ballenas, situada en el mar de Ross, a varios miles de kilómetros al sur de Nueva Zelanda. El equipo destinado a alcanzar el Polo Sur se instala para hibernar, mientras que el Fram vuelve a la mar para llevar a cabo una campaña oceanográfica de varios meses. Los hombres que se han quedado en tierra firme, liderados por Roald Amundsen, organizan un importante campo base, llamado Framheim, por el nombre de la embarcación. Está construido alrededor de una cabaña prefabricada que contiene perreras, una herrería, una carpintería y reservas de alimentos. Varias expediciones salen del campo para explorar el terreno y disponer de puntos de suministro. Después de la noche polar de la primavera y de un retraso de un mes con respecto a la fecha prevista originalmente, debido a temperaturas demasiado severas, la expedición final acaba partiendo el 19 de octubre de 1911. El equipo y las provisiones, que representan casi una tonelada de material, están dispuestos en cuatro trineos arrastrados por cincuenta y dos perros, mientras que los cinco hombres, Roald Amundsen, Helmer Hanssen (1870-1956), Oscar Wisting (1871-1936), Olav Bjaaland (1873-1961) y Sverre Hassel (1876-1928) avanzan esquiando. El clima es favorable y las primeras semanas son fáciles. La dificultad se precisa al cruzar una cadena de montañas y glaciares, que Roald Amundsen bautiza con el nombre de cadena de la Reina Maud, en homenaje a la reina de Noruega, y el Salón de Baile del Diablo, de tan difícil como resulta atravesar esta meseta glacial. La ascensión se complica aún más por la niebla, las tormentas de nieve y una caída significativa de las temperaturas. El 14 de diciembre de 1911, Roald Amundsen y su equipo finalmente llegan al Polo Sur, después de una travesía de 1400 kilómetros. Instalan una tienda negra en la que dejan una carta al rey Haakon VII de Noruega (1872-1957) y una placa con los nombres de los cinco hombres de la expedición, plantan una bandera de Noruega y toman el camino de vuelta. Cuando llegan a la base, donde el Fram les espera, solo quedan dos trineos y once perros. Después de hacer escala en Tasmania, desde donde Roald Amundsen anuncia oficialmente su triunfo, el Fram y su tripulación terminan su viaje en Buenos

Aires en mayo de 1912.

Robert Falcon Scott, por su parte, habiendo partido el 1 de noviembre de su campo base de la isla de Ross, no alcanza el polo hasta el 17 de enero de 1912 para descubrir las señales de su derrota. Su expedición de vuelta es trágica: están peor equipados que Amundsen y la meteorología, muy adversa, juega en su contra, resultando en la muerte de sus componentes, uno tras otro. Sus cuerpos congelados se encuentran ocho meses más tarde, sumiendo al Imperio británico y al mundo de los exploradores polares en el duelo.

LA EXPLORACIÓN AERONÁUTICA

El éxito de Roald Amundsen y su reputación le permiten mandar construir su propia nave, el Maud, con el que entre 1918 y 1920 intenta cruzar el Paso del Nordeste, entre el Atlántico y el Pacífico, pasando por el norte de Rusia. Pero esta expedición, aunque finalmente es exitosa y convierte a Roald Amundsen en el primer hombre que da la vuelta al océano Ártico por el este y el oeste, es una sucesión de problemas: hibernación precoz, preocupaciones relacionadas con la salud para Roald Amundsen (fracturas, intoxicaciones), y avería del motor. Renunciando a su proyecto de deriva en el Ártico, deja al Maud y a su tripulación en Seattle y se lanza a su nueva pasión, la aeronáutica. Después de haber obtenido su licencia de piloto en 1918, y de haber recibido el apoyo financiero del Parlamento noruego y de Fridtjof Nansen, compra un avión de modelo Junkers. Pero su primer vuelo entre Nueva York y Seattle, que habría de permitirle volver donde estaba el Maud, acaba en los campos de Pensilvania.

No obstante, persiste, consigue un segundo avión y se entrena para despegar y aterrizar sobre el hielo en Alaska, pero sin mucho éxito. En otoño de 1923, conoce a Lincoln Ellsworth (explorador estadounidense, 1880-1951). El padre de este, James Ellsworth, un rico minero y banquero estadounidense, financia dos nuevos aparatos, dos hidroaviones Dornier N24 y N25, mientras que Lincoln Ellsworth comparte su experiencia como piloto. Los dos hombres y su tripulación despegan de Spitsbergen (Groenlandia) el 12 de mayo de 1925, pero fallan y se quedan a casi 250 kilómetros del polo, a raíz de unas averías en ambos aviones. Necesitan casi tres semanas y un gran esfuerzo para crear un camino en el hielo para que el N25 pueda despegar de nuevo y llevar a la tripulación a Spitsbergen. En mayo de 1926, Roald Amundsen reitera su intento, también en esta ocasión con sus amigos Lincoln Ellsworth y Oscar Wisting, pero esta vez a bordo de un globo dirigible, el Norge, construido y pilotado por Umberto Nobile. Salen de Spitsbergen el 11 de mayo y llegan a Alaska el 14, alcanzando el Polo Norte el 12 de mayo de 1926, donde plantan la bandera noruega, estadounidense e italiana.

EL ÚLTIMO VUELO

Superado en el vuelo en avión del Polo Norte por el estadounidense Richard Byrd (marinero, aviador y explorador estadounidense, 1888-1957), Roald Amundsen quiere terminar su carrera con esta semivictoria y se retira, dedicándose a la escritura, a las conferencias y al apoyo de otras expediciones. Se distancia de Umberto Nobile, que construye un nuevo dirigible, el Italia. Pero cuando se entera de que su viejo amigo se ha estrellado en el hielo mientras efectuaba un vuelo científico en el Ártico el 25 de mayo de 1928, pone en marcha una operación de rescate. Despega el

18 de junio a bordo de un avión pilotado por el noruego Leif Dietrichson (1890-1928), que había participado en la expedición aérea de Amundsen y de Ellsworth en 1925 y que también debía participar en el vuelo del Norge. Acompañado por cuatro franceses, los seis hombres desaparecen el mismo día en las aguas del mar de Barents, cerca de la isla del Oso, sin que haya supervivientes. Umberto Nobile, por su parte, es rescatado por un aviador sueco y sus hombres llevados por un rompehielos ruso.

REPERCUSIONES

Las hazañas de Roald Amundsen, como las de los grandes exploradores contemporáneos, se benefician de una gran cobertura mediática, en particular gracias a la fotografía y a la prensa. Esta cobertura permite que ganen notoriedad y, como consecuencia, que lleguen al mecenazgo —indispensable para la financiación de las expediciones—, al tiempo que también puede crear o alimentar controversias y servir para objetivos políticos que superan el alcance primero de los descubrimientos.

LAS CONTROVERSIAS

Aunque hoy en día la aventura del explorador noruego parece marcada por la valentía y por una especie de heroísmo, en su época fue objeto de algunas controversias, en particular durante la carrera hacia el Polo Sur que le cuesta la vida al inglés Robert Scott. En efecto, a través del prisma de esta tragedia, la prensa —sobre todo británica y estadounidense— juzga la hazaña de Roald Amundsen. Se le reprocha haber iniciado su campaña con una mentira, afirmando que iba hacia el norte y anunciando su partida hacia la Antártida más tarde. Así pues, Robert Scott, que se había marchado para hacer una exploración, se encuentra involucrado en una carrera, a su pesar. Asimismo, una de las claves del éxito de Roald Amundsen, el uso de perros de trineo y, sobre todo, su sacrificio programado para alimentar a los otros perros, también empaña la reputación del explorador noruego, frente a la actitud de Robert Scott, que utilizó ponis y perros que se esforzó en alimentar haciendo todo lo que estaba en sus manos para asegurar su suministro.

Este ejemplo particular señala una actitud más general: Roald Amundsen pronto pasa de la exploración científica a expediciones en las que predominan las proezas deportivas y el gusto por el desafío, lo que le hace ganarse la crítica de algunos de sus contemporáneos por una actitud que consideran más competidora que motivada por el gusto de la investigación y del descubrimiento.

EL PRESTIGIO NORUEGO

El Gobierno noruego participa de forma sustanciosa en la financiación de las expediciones de su célebre ciudadano, por varias razones. La primera es política: el joven Estado debe posicionarse en el escenario del Norte de Europa, y luego en el mundial. Tras haber sido anexionado a Dinamarca y luego a Suecia, ahora debe afirmarse como potencia independiente. Adquiere esta fama internacional gracias a Fridtjof Nansen que, después de haber destacado como científico y explorador con la deriva ártica del Fram, representa a Noruega en la Sociedad de Naciones. Así, los exploradores como Fridtjof Nansen y Roald Amundsen contribuyen, primero de todo, a un renombre simbólico de una Noruega inscrita en la gran región circumpolar gracias a su cultura.

Pero esta identidad también debe descansar sobre bases territoriales para garantizar el éxito económico del país (mediante la explotación de los recursos del océano Ártico y la gestión de las rutas marítimas) y su prestigio internacional. Asimismo, en los años veinte, Noruega inicia una política de expansión, en particular en Groenlandia, utilizando la supremacía de los descubrimientos realizados por sus exploradores para reivindicar la posesión de las regiones árticas, tanto terrestres como marítimas.

Finalmente, la prensa noruega, que también participa en la elaboración de una consciencia nacional, financia algunas expediciones de Roald Amundsen, que tiene vínculos con Rolf Thommessen (1879-1939), un importante empresario de los medios, para el que Amundsen es un instrumento eficaz. Así pues, su mediatización sirve a los intereses del explorador al tiempo que pone su imagen de héroe nacional al servicio de las estrategias políticas, económicas y diplomáticas de su país.

EL REGRESO A LA CIENCIA

A pesar de la controversia, los inevitables puntos oscuros y las críticas inherentes al estatus de los personajes célebres, las hazañas de Roald Amundsen se inscriben en el desarrollo de la ciencia internacional. Los estudios llevados a cabo durante la expedición del Gjoa, del Fram y finalmente del Maud se enmarcan en el conocimiento de las regiones polares, tanto desde el punto de vista geográfico como climatológico. En 1882-1883, el primer Año Polar Internacional (acontecimiento destinado a promocionar el estudio de las regiones polares) lanza la cooperación internacional para la recopilación de datos de glaciología, de meteorología y de geofísica que continúa a lo largo del siglo XX. La contribución de Roald Amundsen a este vasto programa científico es consagrada por el bautismo de la estación científica estadounidense Amundsen-Scott en la Antártida en 1956, por el nombre de los dos exploradores del Polo Sur, y por el rompehielos canadiense NGCC Amundsen dedicado a la investigación científica en la Antártida.

EN RESUMEN

1872
Nacimiento de Roald Amundsen

1897
Primera expedición en el Ártico a bordo del Bélgica

1903-1906
Travesía por el Paso del Noroeste a bordo del Gjoa

1911
Roald Amundsen llega el primero al Polo Sur

1918
Travesía del Paso del Noreste

1926
Vuelo por encima del Polo Norte con el Norge

1928
Muerte de Roald Amundsen

- Roald Amundsen es un marinero y explorador noruego nacido en 1872 y fallecido en 1928.
- Después de realizar estudios de Medicina que no termina, se embarca en barcos destinados a la caza de focas para ganar experiencia.
- Respaldándose en esta experiencia, parte en 1897 para una primera expedición a la Antártida a bordo del Bélgica del explorador belga Adrien de Gerlache de Gomery.
- Entre 1903 y 1906, cruza por primera vez el Paso del Noroeste a bordo del Gjoa.
- En diciembre de 1911, llega por primera vez al Polo Sur.
- En 1918, cruza el Paso del Nordeste del este, convirtiéndose en el primer explorador en cruzar los dos pasajes entre el Atlántico y el Pacífico Norte.
- En 1926, Roald Amundsen sobrevuela el Polo Norte y efectúa la conexión entre Noruega y Alaska, a bordo del globo dirigible Norge diseñado y dirigido por el italiano Umberto Nobile.
- En 1928, desaparece en el mar de Barents con la tripulación del avión francés que acude en ayuda de Umberto Nobile, cuyo dirigible se había estrellado en el hielo tras haber alcanzado el Polo Norte.

¡Tu opinión nos interesa!
¡Deja un comentario en la página web de tu librería en línea,
y comparte tus favoritos en las redes sociales!

PARA IR MÁS ALLÁ

FUENTES BIBLIOGRÁFICAS

- Amundsen, Roald. 1999. *Passage du Nord-Ouest.* París: Phébus.

- Amundsen, Roald. 2010. *Ma vie d'explorateur.* Mane: Futur Luxe Nocturne.

- Amundsen, Roald. 2012. *Carnets de voyage (1872-1928). Mémoires.* Waterloo: Jourdan.

- Amundsen, Roald. 2014. *Prisonniers de la banquise. L'aventure du N25.* París: Nicolas Chaudun.

- Hussenet, Emmanuel. 2004. *Rêveurs des pôles, les régions polaires dans l'imaginaire occidental.* París: Seuil.

- Mabire, Jean. 1998. *Roald Admunsen, le plus grand des explorateurs polaires.* París: Glénat.

- Rémy, Frédérique. 2008. *Histoire de la glaciologie.* París: Vuibert Adapt-Snes.

- Rémy, Frédérique. 1970. *Histoire des pôles.* París: Desjonquières.

- Stangeland, Hallvard. 2011. "Roald Amundsen's Expeditions From 1918 to 1926 in Media and Politics". Memoria de Máster de Historia, Universidad de Oslo.

- Ternaux, Jean-Pierre. 2009. *Aventures scientifiques aux pôles*. París: CNRS Éditions.

- Tréguer, Paul. 2010. *Trois marins pour un pôle*. Versalles: Éditions Quae.

FUENTES COMPLEMENTARIAS

- Dossier pédagogique réalisé par la Fondation polaire internationale, "Les sciences polaires". Consultado el 3 de agosto de 2017. http:// www.educapoles.org/assets/uploads/ teaching_dossiers_files/sciences_polaires_fr.pdf

- L'Illustration, "La conquête des pôles par Paul Emile Victor". Consultado el 3 de agosto de 2017. http://www.lillustration.com/La-Conquete-des-Poles-par-Paul-Emile-Victor_a54.html

- Sciences aux extrêmes, "Histoire de 4 années polaires...". Consultado el 3 de agosto de 2017. http://sciences-extremes.u-strasbg.fr/

- Zimmermann, Maurice. 1929. "Roald Amundsen". *Annales de Géographie*, tomo 38, n.º 212, 179-180.

- Zimmermann, Maurice. 1912. "La découverte du pôle Sud par Roald Amundsen". *Annales de Géographie*, tomo 21, n.º 117, 286-288.

FUENTES ICONOGRÁFICAS

- Retrato de Roald Amundsen. La imagen reproducida está libre de derechos.

- Fotografía del barco Fram. La imagen reproducida
  está libre de derechos.

- Roald Amundsen vestido con pieles para soportar
  el frío en una de sus expediciones. La imagen
  reproducida está libre de derechos.

DOCUMENTALES Y FOTOGRAFÍAS DE ARCHIVOS

- *Amundsen: Perdido en el Ártico.* Dirigido por
  Rudolph Herzog. Alemania: Context TV, 2010.

- National Geographic, "Amundsen's South Pole
  Expedition". Consultado el 3 de agosto de 2017.
  http://video.nationalgeographic.com/video/
  magazine/ngm-amundsen-archival-video

- National Geographic, "Images d'archives de la
  course à la première exploration du pôle Sud".
  Consultado el 3 de agosto de 2017. http://www.
  nationalgeographic.fr/photography/2017/03/
  images-darchives-de-la-course-la-premiere-explo-
  ration-du-pole-sud

- Ina.fr, "La conquête du pôle Sud". Consultado el
  3 de agosto de 2017. http://www.ina.fr/video/
  I11346052

50MINUTOS.es
Historia
Economía y empresa
Coaching
Book Review
Salud y bienestar
Arte y literatura
EL DIAGRAMA DE ISHIKAWA
Material Método Máquina
Madre Naturaleza Medida Hombres
LA GUERRA DE PALESTINA DE 1948
DOMINA EL ARTE DEL NETWORKING
¡APRENDER NUNCA ANTES FUE TAN RÁPIDO!
www.50minutos.es